BEI GRIN MACHT SICH IHR WISSEN BEZAHLT

- Wir veröffentlichen Ihre Hausarbeit, Bachelor- und Masterarbeit

- Ihr eigenes eBook und Buch - weltweit in allen wichtigen Shops

- Verdienen Sie an jedem Verkauf

Jetzt bei www.GRIN.com hochladen und kostenlos publizieren

Bibliografische Information der Deutschen Nationalbibliothek:

Die Deutsche Bibliothek verzeichnet diese Publikation in der Deutschen National-
bibliografie; detaillierte bibliografische Daten sind im Internet über http://dnb.d-
nb.de/ abrufbar.

Impressum:

Copyright © 2009 GRIN Verlag, Open Publishing GmbH
Druck und Bindung: Books on Demand GmbH, Norderstedt Germany
ISBN: 978-3-668-23145-0

Dieses Buch bei GRIN:

http://www.grin.com/de/e-book/200981/musiktherapie-einsatzmoeglichkeiten-bei-
kindern-und-intensivpatienten

Jacob Sendner

Musiktherapie. Einsatzmöglichkeiten bei Kindern und Intensivpatienten

GRIN Verlag

Inhalt

1 Einleitung

Schon seit mehreren tausend Jahren verwendet man die Musik als Heilmittel gegen Krankheiten. Was früher noch als Mittel gegen böse Geister benutzt wurde, ist in der heutigen Zeit auch in Krankenhäusern und anderen therapeutischen Einrichtungen zu finden.
Diese Arbeit beschäftigt sich nun mit dem Thema *Musiktherapie*.
Dazu bewogen hat mich vor allen Dingen mein Interesse an der Musik. Des Weiteren ist es, meiner Meinung, nach sehr interessant die Vielfalt an Therapiemöglichkeiten kennenzulernen. Ich hoffe mit dieser Arbeit auch verdeutlichen zu können, dass es auch innerhalb der Musiktherapie eine große Vielfalt an Behandlungsmöglichkeiten gibt. Die Möglichkeiten sind so komplex, dass es mir nicht möglich sein wird auf alle einzugehen.
Mein Interesse an dieser Form der Behandlung besteht schon seit längerem. Aus diesem Grund konnte ich in einem zweiwöchigen Praktikum in einer heilpädagogischen Kindertagesstätte erste Eindrücke zu sammeln, als mir die Möglichkeit gegeben wurde, selbst eine Stunde zur Musiktherapie zu gestalten und mit den Kindern einer Gruppe durchzuführen. Um so viel wie möglich Wissen über diese Therapieform zu sammeln, meldete ich mich für ein zweiwöchiges Praktikum bei einem anerkannten Musiktherapeuten an. Dort bekam ich glücklicherweise nicht nur viele Informationen über die Musiktherapie, sondern auch über eine andere Form der musikalischen Behandlung: der Klangtherapie. Ich hoffe, mit dieser Arbeit klar zu machen, dass Musik- und Klangtherapie unterschiedliche Therapieformen sind. Während meines zweiten Praktikums waren wir die meiste Zeit in Altenheimen, aber auch in Behindertenheime für Erwachsene. Leider bekam ich bei einer Teststunde in einem Hort nur einen kurzen Einblick in die Arbeit mit Kindern. Da mein Interesse aber mehr bei der Arbeit mit Kindern liegt, ging ich einen weiteren zusätzlichen Tag in einen heilpädagogischen Kindergarten, um noch einige Eindrücke sammeln zu können.
Im Verlauf dieser Arbeit möchte ich klären, wie die Musik auf den Menschen wirkt, dass die Wirkung auch wissenschaftlich begründet werden kann und wo ihre Anwendungsmöglichkeiten liegen. Dabei werde ich auf die Arbeit mit Intensivpatienten und mit Kindern besonders eingehen, um die riesige Spanne der Verfahrensweisen aufzeigen zu können.
Desweitern werde ich eine geschichtliche Zusammenfassung geben, wann und wo Musik als Mittel zur Heilung eingesetzt wurde.

2 Wie Musik auf den Menschen wirkt

Bevor ich zum eigentlichen Thema Musiktherapie komme, möchte ich etwas Grundlegendes klären: *Wie wirkt Musik?*

Die Musik begleitet den Menschen sein ganzes Leben lang. Schon vor der Geburt ist er in der Lage zu hören. Ab dem 5. Monat kann der Fötus Schallwellen, die über das Fruchtwasser übertragen werden, wahrnehmen, da das Gehör schon entwickelt ist. Das konstanteste Geräusch ist für das Ungeborene wohl der Herzschlag und die Atmung der Mutter.

Der Hör-Sinn ist, neben dem Seh-Sinn, einer unserer wichtigsten Sinne. Doch überall auf der Welt gibt es eine Geräuschkulisse – mal lauter, mal leiser – die dem Ohr, unserem Hörorgan, immer mehr Schäden zufügt. Unser Ohr hat zwei Schwächen: es kann sich nicht, wie das Auge, vor äußeren Schäden durch den Lidschlussreflex schützen und zerstörte Sinneszellen können sich nicht wieder regenerieren. Das heiß, dass wir nicht steuern können was wir hören und was nicht. Aber wir können entscheiden auf was wir bewusst hören und auf was nicht. Dies ist der Grund, warum wir Musik oft nur passiv wahrnehmen. Das bedeutet aber nicht, dass sie im menschlichen Körper nichts bewirkt.

Alle Arten von Musik haben Einfluss auf den Körperrhythmus, sprich Herzfrequenz und Pulsintensität. Durch die Wirkung auf das Herz beeinflusst Musik auch den Blutdruck und dadurch auch die Hirnaktivität. Voraussetzung ist, dass das Musikstück einen Grundtakt beibehält. Musikalisches Talent und Wissen sind hierbei unbedeutend.

Der Herzschlag eines normalen, gesunden Erwachsenen liegt bei 72 Schlägen in der Minute. Dies ist auch der Richtwert, ob Musik beruhigend oder belebend wirkt. Liegt das Tempo über 72 Hertz, regt es den Kreislauf an, liegt das Tempo darunter, so beruhigt sich auch der Körperkreislauf. Die größtmögliche Entspannung erreicht man bei einer Frequenz von 60 Hz. Man sagt, dass jedes Gewebe im menschlichen Körper eine eigene Frequenz hat. Ist eine Körperstelle blockiert, so kann man die Störung durch Musik wieder auflösen. Das Gewebe nimmt dann erst die Frequenz der Musik an, später wieder ihre eigene. Im Idealfall beschallt man es gleich mit derselben Frequenz, doch welches Gewebe, welche Frequenz besitzt, ist noch nicht vollständig erforscht.

Doch die Wirkung der Musik ist nicht nur physischer Natur, auch psychisch kann sie etwas auslösen. Arbeit macht eindeutig mehr Spaß, wenn Musik läuft. Vielleicht auch aus dem Grund, da der Mensch ständig Geräuschen ausgeliefert ist. Wenn das Lied abwechslungsreich und vielschichtig gestaltet ist, so fühlt man sich angeregt. Je monotoner es ist, umso ruhiger wird man. Der Effekt ist am stärksten, wenn Musik zusammen mit Text erklingt, da der Mensch mit bestimmten Textstellen Dinge aus seinem Leben assoziiert. Einen starken Einfluss hat sie auf das Limbische System und somit auf die Entstehung von Gefühlen.

Es gibt also zum einen die Wirkung über das Ohr – Schallwellen, die in Nervenimpulse umgewandelt werden – und über den kompletten Körper. – Schallwellen verbreiten sich durch Vibration über den Wassergehalt des menschlichen Körpers überall.

Bei letzerem ist es unbedeutend, ob die Klänge dem Geschmack des Hörers entsprechen.

Als Fazit kann also gesagt werden, dass es viele verschiedene Möglichkeiten gibt den Menschen mit Musik zu beeinflussen – oder gar zu manipulieren. Beispiel dafür kann, zum Beispiel, die Hintergrundmusik im Kaufhaus sein. Es konnte wissenschaftlich bestätigt werden, dass Musik die Atmosphäre in einem Kaufhaus verbessern kann. Und was ist mit Musik in der Werbung? Es konnte bewiesen werden, dass ein Produkt anders wahrgenommen wird, wenn die dazugehörige Werbung mit Musik unterlegt ist.

Ein klassisches Beispiel ist auch die Filmmusik. Je nach dem mit welchem Lied, Instrument oder Tonart die Szene musikalisch unterlegt ist, verändert sich auch die Wahrnehmung des Zuschauers. So können, zum Beispiel, dramatische Stellen noch emotionaler dargestellt werden oder witzige Szenen noch lebendiger wirken.

3 Definition des Begriffes Musiktherapie

Laut der Deutschen Musiktherapeutischen Gesellschaft lässt sich die Musiktherapie folgendermaßen definieren:

> *„Musiktherapie ist der gezielte Einsatz von Musik im Rahmen der therapeutischen Beziehung zur Wiederherstellung, Erhaltung und Förderung seelischer, körperlicher und geistiger Gesundheit."* *[Zitat 1]*

Sie ist abhängig von verschiedenen Bereichen der Wissenschaft, zum Beispiel Medizin, Gesellschaftswissenschaften, Psychologie, Musikwissenschaften und Pädagogik.

Grundsätzlich kann gesagt werden, dass Musiktherapie bei allen Menschen Anwendung finden kann, die seelisch bedingte Schwierigkeiten oder auch Störungen im Bereich des Erlebens, des Verhaltens oder des Körperlichen haben.

Zum einen lässt sie sich in Einzel- und Gruppentherapie unterteilen, des weiteren kann man die Musiktherapie aktiv oder rezeptiv gestalten, also das Musizieren oder das Musikhören in den Mittelpunkt stellen.

3.1 Aktive Musiktherapie

Wie schon erwähnt, steht bei dieser Form das eigene Musizieren im Zentrum. Meist gestaltete es sich so, dass der Patient selbst ein Instrument spielt und sich so ausdrücken kann. Somit spielt das musikalische Improvisieren eine zentrale Rolle.

Ob der Patient musikalisches Talent besitzt oder nicht, ist nicht von Bedeutung, denn das Ziel der aktiven Musiktherapie besteht darin, sich verbal, nonverbal und musikalisch auszudrücken, so dass der Therapeut Kontakt aufnehmen kann und einen Einblick in die Gefühle und Probleme des Patienten bekommt und sich so auf ihn einstellen kann.

Vorteil der aktiven Musiktherapie ist, dass der Patient, über die eigene Stimme, Rhythmus und Klang, Dinge ausdrücken kann, die mit Wörtern nicht beschrieben werden können.

Die Wahl zwischen Gruppen- und Einzeltherapie hängt von den Problemen und Eigenschaften des Patienten ab. So hilft es Menschen mit Kommunikationsschwierigkeiten mehr in einer Gruppe zu musizieren, und so das Zusammenwirken einer Gemeinschaft kennenzulernen. Aber auch die Einzeltherapie kann ihre Vorteile haben: es ist möglich auf die individuellen Probleme eines Menschen einzugehen.

3.2 Rezeptive Musiktherapie

Anstelle von rezeptive, könnte man diese Form auch aufnehmende Musiktherapie nennen: die Musik wird vom Patienten passiv wahrgenommen. Diese Form der Therapie basiert auf dem Wissen, dass Musik die Selbstwahrnehmung erhöht. Des Weiteren besitzt sie die Eigenschaft, bei Menschen bestimmte Gefühle auszulösen.

Sein ganzes Leben über hört der Mensch Musik. Er hat meist ein Lieblingslied und verbindet bestimmte Musikstücke mit Situationen und Gefühlslagen, die er selbst erlebte.

Auf dieses Wissen baut der Musiktherapeut nun auf und benutzt ausgewählte Musikstücke, um mit dem Patienten in Kontakt zu kommen. Wenn die Musik bei dem Patienten nun gewisse Emotionen oder Probleme aufruft, wird dann zusammen mit dem Therapeuten darüber geredet und diese Dinge können von ganz neuen Perspektiven aus interpretiert werden.

Es besteht die Möglichkeit, dass der Therapeut selbst auf ausgewählten Instrumenten spielt, oder aber, dass die Musik vom Band läuft, was den Vorteil hat, immer wieder, ohne Veränderungen, die die Wahrnehmung des Patienten in irgendeiner Weise beeinflusst und so emotionale Spannungen vermindert , abgespielt werden kann.

4 Historische Entwicklung der Musiktherapie

Es ist bekannt, dass die Musik schon vor mehreren tausend Jahren angewandt wurde, um Kranke zu heilen. Zum Beispiel lebte im Jahr 4200 v.Chr. im Volk der Sumerer eine Königstochter namens Encheduanna, die zur Heilung der Kranken Beschwörungsgesänge erfand. Zu dieser Zeit diente die Musik noch zur Vertreibung böser Geister und der Beschwörung oder Beschwichtigung der Götter, denen man die Schuld für diverse Krankheiten gab. Anders als heute nutzte man die magisch-mystische Wirkung der Musik, in dem man die „Patienten" in einen tranceartigen Zustand versetzt. Bis zur Frühantike war diese Form der Behandlung durchaus üblich.

Mit dem Ablösen der Frühgeschichte durch die Antike ersetzte man die magisch-mystische Wirkungsweise der Musiktherapie durch eine rational-wissenschaftliche Sichtweise über die Wirkung der Musik.

Ab der Antike bis hin zum Mittelalter sah man die Musik als Weg zur Verbesserung, beziehungsweise Erneuerung der geistig-seelischen Harmonie und um die Beziehung von Körper und Seele zu vertiefen oder wieder in Ordnung zu bringen. Man stellte die These auf, dass sich kranke Menschen in Unordnung befinden und nur wieder gesund werden können, wenn die eigene innere Ordnung wieder hergestellt wird. Musik bot sich dabei regelrecht an, da auch sie auf Harmonien basiert. Es existierte die Vorstellung, dass jede Ton-Skala eine ganz eigene Wirkung auf den Menschen hat, beispielsweise aufmunternd oder beruhigend. Teilweise ging man so weit zu sagen, dass die Musik zur Erziehung der Seele dient.

Bis zum Jahre 1550 war Musik ein offizieller Teil des Medizinstudiums. Dem zufolge besaß sie zu dieser Zeit einen relativ großen Stellenwert innerhalb der medizinischen Behandlung.

Eine lange Zeit wurde angenommen, dass die 4 Körpersäfte für die Funktion des menschlichen Körpers zuständig sind. Wenn sich diese 4 Säfte – Blut, Schleim, gelbe Galle und schwarze Galle – im Ungleichgewicht befinden, dann wird der Mensch krank. In dieser Zeit wurde angenommen, dass es die Schwingungen der Musik schaffen, das Blut zu verdünnen und die anderen Säfte des Körpers wieder in den normalen Zustand zu versetzen.

Auch den schwangeren Frauen empfahl man zu singen, genauso wie den Kindern. Den Ammen gab man sogar genaue Zeiten vor, wann sie den Kindern vorsingen soll und was.

Etwa um das Jahr 1628 ging William Harvey als Entdecker des Blutkreislaufs in die Geschichte ein. Auf diesem Wissen basieren die Theorien, dass durch musiktherapeutische Maßnahmen das Blut reguliert werden kann. Später gab es sogar spezielle Arztmusik, auch *Jatromusik* genannt, mit der es möglich gewesen sein soll, verschiedene Arten von Krankheiten zu heilen.

Der Tarentismus ist ein Beispiel für die Anwendung der Musiktherapie, welcher sich als ein Phänomen, über drei Jahrhunderte bis zum 17 bzw. 18. Jahrhundert hinzog. Er zeichnet sich durch einen ungewöhnlich starken Bewegungsdrang aus. Grund dafür soll der Biss einer besonderen Spinne, einer Tarantel, sein. Ein Anatomieprofessor, namens Baglivi, begründete die Möglichkeit der Heilung mit Musik so, dass durch die Instrumente in Schwingung versetzte Luft die Patienten wieder zu Kräften kommen können. Das der Biss einer Tarantel Ursache für den Bewegungsdrang ist, wird von Experten bezweifelt.

In der Zeit des 18. Jahrhunderts legte man, vor allem älteren Menschen, ans Herz zu musizieren, da sie das vor dem Austrocknen schützen soll. Doch nicht nur ihnen empfahl man dies, denn Musik wurde auch die Eigenschaft zugeschrieben, das Leben zu verlängern. Sie soll Nerven, Glieder und Adern kräftigen und während des Essens die Verdauung fördern. Das könnte neben dem Unterhaltungsfaktor ebenfalls ein Grund für Tafelmusik gewesen sein, welche bei Hof während Banketten und anderen festlichen Gelegenheiten gespielt wurde

Ab dem 19. Jahrhundert begann man, die Behandlungsfelder der Musik auf psychisch bedingte Krankheiten einzugrenzen. Bis ins 20. Jahrhundert hatte die Musiktherapie einen Rückgang. Erst Ende des zweiten Weltkriegs begann man wieder, sich der therapeutischen Wirkung der Musik zu bedienen.

5 Anwendungsbereiche

Die Arbeitsfelder von Musiktherapeuten sind breit gefächert. Ganz allgemein gesagt, können sie heilend, rehabilitativ, präventiv und nachsorgend sein.

Sie kann in Bereichen der *Sonder- oder Heilpädagogik*, oder zur Unterstützung von *behinderten Menschen* oder *entwicklungsverzögerten oder -gestörten Kindern* genutzt werden, außerdem findet sie in *Altenheimen* und *Musikschulen* Anwendung.

Häufig wird sie zur Heilung oder Linderung bei psychischen Erkrankungen angewendet.

Mit Hilfe dieser Therapieform können Erwachsene unterschiedlichste Trennungssituationen verarbeiten, Methoden zur Stressbewältigung kennenlernen oder an Problemen im zwischen-menschlichen Bereich arbeiten. Eine sehr spezielle Form der Musiktherapie ist für Paare zugeschnitten. Dabei geht es vor allem darum , ihnen aus festgefahrenen Situationen zu helfen oder Dinge zu vermitteln, die nicht durch Wörter ausgedrückt werden können.

Ein weiteres Beispiel für die Anwendung der Musiktherapie wären Krebspatienten oder an Multiple-Sklerose-Erkrankte. Die Musik kann ihnen helfen mit den Folgen ihrer Krankheit oder der Behandlung fertigzuwerden, die Wirkung der medizinische Schmerzbehandlung zu vertiefen oder den Glaube an die eigenen Selbstheilungskräfte zu stärken.

Besonders beeindruckt hat mich während meines Praktikums, neben der Arbeit im Kindergarten, die Arbeit im Behindertenheim. Der Musiktherapeut und ich waren den ganzen Tag über dort und haben verschiedene Angebote für die Bewohner gemacht. Es gab Gesanggruppen, die gut besucht waren, Instrumental-Unterricht , der sehr beliebt war und zum Ende des Tages probte die hauseigene Band. In Erinnerung geblieben sind mir vor allem die Menschen, denen das Musizieren, auf Grund einer Behinderung, schwer fällt. Trotz all dem ist ihre Motivation zu jeder Bandprobe oder Chorstunde zu kommen unglaublich groß. Zum Beispiel ein Mann, der einen angeborenen Sprachfehler hatte und aus diesem Grund nur wenige Laute aussprechen kann. Es ist ihm unmöglich sich verbal zu verständigen, deswegen musste er Gebärdensprache erlernen. Trotz dieser Behinderung freute er sich immer wieder, wenn er „mitsingen" konnte. Ein anderes Beispiel, warum mich gerade dieser Bereich der Musiktherapie so faszinierte, war eine Frau mit Sprechprothese. Auch sie war eine derjenigen, die zu jeder Probe da war und deren kleine Behinderung sie nicht davon abgehalten hat zu singen.

Ein Erlebnis, was mir auch sehr imponierte, war eine Einzeltherapiestunde mit einem Autisten. Therapeut und Patient bekamen beide eine Trommel und haben sich über die Schläge der Trommel „unterhalten". Wenn der Musiktherapeut laut geschlagen hat, tat das der Patient auch, oder er antwortete mit leisen Schlägen, auf welche der Therapeut mit ebenfalls leisen Schlägen antwortete.

Die musiktherapeutische Arbeit in einem Behindertenheim ist sehr vielfältig: man arbeitet mit vielen unterschiedlichen Krankheitsbildern und Menschen verschiedenen Alters. Außerdem wird Gruppen- und Einzeltherapie angewendet.

Auf zwei Bereiche möchte ich in dieser Arbeit ganz besonders eingehen: Musiktherapie bei *Intensiv-patienten* und bei *Kindern*. Ich habe mir genau diese beiden Anwendungsbereiche gewählt, weil sie so unterschiedlich in ihren Zielen und Verfahren sind, aber doch beide zur Musiktherapie zählen.

5.1 Musiktherapie bei Intensivpatienten

5.1.1 Patienten in komatösen Zustand

Der Mensch ist ein Individuum. Er sucht nach der eigenen, ganz persönlichen Lebensweise. Das ändert sich auch in einem komatösen Zustand nicht, auch wenn in diesem Fall nicht wichtige Entscheidungen gemeint sind. In dieser Situationen geht es eher um eine würdevolle Behandlung und Respekt. Nur leider ist es so, dass auf einer Intensivstation viel Stress herrscht und das Personal gar nicht dazu kommt, auf jeden bewusstlosen Patienten einzugehen, wahrscheinlich ist es ihnen nicht einmal bewusst, dass es nötig wäre – aber es ist notwendig! Einige befragte, ehemalige Komapatienten schilderten, wie unwohl und gefangen sie sich fühlten und in was für Angstzuständen sie lebten. Natürlich konnten sie nicht alles wahrnehmen, es war wohl eher die Fantasie, der man die Wahnvorstellungen zuschreiben konnte. Im Buch „Heilen mit Musik" von Heinrich van Deest schilderte ein ehemaliger Patient sein Erlebnis:

> *„Er kam sich vor, wie auf einem mittelalterlichen Schlachtfeld. Er habe so-gar das Gefühl gehabt, dass er sich totstellen müsse, um nicht von herum marodierenden Rittern getötet zu werden."* Zitat 2

Nur waren die, in der Fantasie so gefährlichen Ritter, nur die behandelten Ärzte und Pfleger. Die kurzen und knappen Kommunikationsversuche, wie „Ich werde Sie jetzt umdrehen." oder „Haben Sie Durst?" vermitteln den Patienten das Gefühl, nur ein Objekt zu sein, um das es in Wirklichkeit gar nicht geht.

Die besagten Angstzustände veranlassen den Patienten nun, wenn auch nur unbewusst, sich zurückziehen zu wollen, was für die Genesung mehr kontraproduktiv als alles andere ist.

In Krankenhäusern wird jetzt schon versucht, mit Musik mehr auf die individuellen Bedürfnisse einzugehen. Leider unterliegt man hier oft der falschen Annahme, dass es ausreicht, den Menschen einen Kopfhörer aufzusetzen und die Musik laufen lässt. Dieser Versuch kann allerdings genauso falsch sein, wie die, mehr oder weniger ernst gemeinten, Kantaktaufnahmen, welche oben schon genannt wurden. Das Abspielgerät, sagen wir mal eine Walkman, ist auch nur ein Instrument zwischen Behandelten und zu Behandelten und fördert nur die Distanz zwischen beiden.

Die wirkliche Musiktherapie, besser noch, der wirkliche Musiktherapeut, geht ausschließlich und ganz individuell auf den einzelnen kranken Menschen ein. Diese Arbeit ist schwer, denn Menschen, die sich in einem komatösen Zustand befinden, besitzen kaum eine Möglichkeit sich in irgendeiner Weise mitzuteilen.

Der Therapeut muss sich auf die kleinsten Bewegungen konzentrieren, um mit dem Patienten Kontakt aufzunehmen. Oft sind dies eine Augenbewegung oder der Atemrhythmus, der sich ja nach Situation ändert. Die Kontaktaufnahme soll aber nicht so geschehen, dass die Atemgeschwindigkeit sich dem Rhythmus der Musik, sondern dass der Therapeut seinen Gesang dem Atemrhythmus anpasst.

Er beobachtet und imitiert erst das Ein- und Ausatmen, dann beginnt er mit dem Singen. Zum Beispiel hebt er die Stimme beim Einatmen und senkt sie wieder beim Ausatmen.

Natürlich kann der Erfolg nicht garantiert werden, aber die Wahrscheinlichkeit auf ein Erwachen aus solch einem Zustand steigt, da die behandelte Person sich nicht den Angstzuständen hingeben muss und somit den Wunsch, sich zurück ziehen zu wollen, nicht mehr verspürt.

5.1.2 Patienten mit Schädel-Hirn-Verletzungen

Auch bei der Rehabilitation von Menschen mit schweren Schädel-Hirn-Verletzungen, zum Beispiel nach einem Autounfall, kann die Musiktherapie helfen. Gemeint sein sollen jetzt die Menschen, die aus dem Koma erwacht sind (mit oder ohne einen Musiktherapeuten sei dahingestellt). Oft ist es schwer und kaum möglich eine richtige Diagnose zu stellen, da die Person nicht in der Lage ist auf die Kontaktaufnahmen zu reagieren. Die wirklichen Folgen können erst dann genau festgestellt werden, wenn der Patient wieder anfängt zu sprechen, wenn er es denn überhaupt wieder tut – ein Teufelskreis – denn ohne die nötige Behandlung ist auch die Wahrscheinlichkeit, dass es dazu, kommt sehr gering.

Die Gefahr ist groß, dass der Patient vom Krankenhauspersonal nur noch als funktionierender Körper, ohne Heilungschancen, angesehen wird.

Auch hier gibt die Musiktherapie den Menschen eine Chance auf Genesung.

Genau wie bei der Behandlung von Komapatienten, liegt das Ziel bei der Kontaktaufnahme, doch im Gegensatz dazu, versucht der Musiktherapeut weiterhin zur Rehabilitation beizutragen.

In den ersten Therapiestunden sind kaum Erfolge zu verzeichnen. Hier geht es vor allem darum, in Verbindung mit dem betroffenen Menschen zu treten. Der Therapeut sucht Anzeichen, die zeigen, dass der Patient auf die Musik anspricht. Das können kleine Bewegungen der Hand sein oder nur eine kleiner Seufzer. Jetzt muss man sich nicht nur auf den Gesang beschränken, sondern kann auch Instrumente verwenden, die man dem Patienten gibt, damit er die Möglichkeit hat, die Musik zu begleiten. Auch hier möchte ich ein Beispiel aus Hinrich van Deest's Buch geben:

> *Ein Mann, der nach einem Autounfall keine Reaktionen auf Umweltreize mehr zeigte, bekam die Möglichkeit von einer Musiktherapeutin behandelt zu werden. Außer einigen Seufzern, während der täglichen einstündigen Behandlung, gab es keine Hinweise darauf, dass der Patient auf die Musik anspricht, doch es reichte, damit die Therapeutin erkennen konnte, dass er die Musik aufnimmt. Ein eigens, für diesen Patienten komponiertes Begrüßungslied wurde täglich gespielt. Nach wenigen Wochen, versuchte er das erste Mal dazu zu trommeln. Nach einiger Zeit wurde klar, dass der, als hoff-*

nungslos abgestempelte Mann, in der Lage war, sich an das Tempo der The-
rapeutin anzugleichen, einen Taktwechsel zu bemerken, auf Wunsch laut und
leise spielen, über 45 Minuten ausdauernd mitmachen konnte und den
Schlusston mit der Trommel zu treffen. Dies bedeutete, dass sein Gedächtnis
sich, „sein" Begrüßungslied (welches er vorher nicht kannte) merken konn-
te. Beispiel 1

In diesem Fall hat die Musiktherapie bei der Diagnose sehr geholfen und es möglich gemacht, den Patienten eine besserer Chance auf Genesung zu geben. Aber, wie schon erwähnt, ist das Ziel in solchen Situationen nie die vollständige Heilung – oft ist diese gar nicht mehr möglich. Schon allein die Kontaktaufnahme, wie sie im Beispiel genannt is, wäre schon ein Erfolg. Im weiteren Verlauf kann die Musiktherapie immer noch ein Teil der Behandlung bleiben, zum Beispiel in Form von Trauerarbeit.

Zusammengefasst heißt das:

Die Musiktherapie schafft es, bei anbahnende Depressionen von Intensivpatienten, schon in einem frühen Stadium zu bekämpfen, und somit die Wahrscheinlichkeit auf Genesung zu erhöhen. Sie macht es möglich, Rehabilitationspotential da zu erkennen, wo keines zu sein scheint.

5.2 Musiktherapie bei Kindern

Einen detaillierten, geschichtlichen Rückblick möchte ich zwar nicht geben, aber es soll gesagt sein, dass es die Kindermusiktherapie seit etwa 45 Jahren gibt.

Die Musiktherapie für Kinder setzt sich aus folgenden vier Dingen zusammen:

- Rezipieren
- Improvisieren
- Kommunizieren
- Bewegen

Die vier Handlungsziele der Musiktherapie sind:

- Aktivierung und Auslösung sozial-kommunikativer Prozesse durch nonverbale Handlungen
- Aktivieren und Auslösen von Emotionen und diese bewusst machen durch Auseinandersetzen mit inneren und äußeren Konflikten durch das Gespräch
- Entwicklung von ästhetischer Erlebnisfähigkeit und Anbahnung musischer Interessen, die zur harmonische Persönlichkeitsentfaltung beitragen
- Aufbau von Verhaltensweisen, die den Umgang mit psychischen Fehlspannungen und Fehlverhalten beinhaltet

Es gibt verschiedene Ansätze, welche in ihren Zielen und Vorgehensweisen doch sehr unterschiedlich sein können. Entwickelt oder beeinflusst wurden sie von verschiedenen Musikpädagogen oder Musikern. Gertrud Orff ist dabei wahrscheinlich das bekannteste Beispiel.

Die vielen Vorgehensweisen machen es möglich, auf jedes Kind individuell eingehen zu können.

<u>Medizinischer Ansatz:</u>

Hierbei ist man auf die Linderung von Symptomen und Schmerzen unterschiedlichster Krankheiten aus. Man baut darauf, dass Musik in der Lage ist ‚auf die Ursachen einer Krankheit einwirken zu können. Demnach ist sie für die Schmerztherapie geeignet. So wurde beim *1. Internationaler Kongress für Musiktherapie, Medizin und Beratung* behauptet, dass während des Musikhörens die Schmerzen der Patienten am geringsten sind– also der rezeptiven Musiktherapie. Des Weiteren wurde bekanntgegeben, dass eine Kombination von Schmerz- und Musiktherapie bei etwa 70 Prozent der Patienten, die Schmerzen vermindert werden können.

Auf die Arbeit mit Frühgeburten werde ich jetzt ein wenig ausführlicher eingehen. Als Frühgeburten bezeichnet man Kinder, welche vor der 36. Schwangerschaftswoche geboren werden oder bei der Geburt weniger als 2500 Kilogramm wiegen.

Es wird sich größte Mühe gegeben, die pränatalen Bedingungen für das Neugeborene möglichst genau nachzuempfinden. Dazu gehören u.a. die kontinuierliche Nahrungszufuhr und Wärme. Doch allein die „körperliche" Versorgung reicht nicht aus, denn obwohl sich das Kind durch eine solche Pflege, mehr oder weniger, so entwickelt, wie es sich auch im Mutterleib entwickelt hätte. Man darf nicht die Geräuschkulisse vergessen, der das Ungeborene die ganzen Monate ausgesetzt war: dem Herzschlag, der Stimme, der Atmung und den Bewegungen der Mutter. Vor allem der Herzschlag war kontinuierlich und immer präsent. Mit der Geburt bricht diese Verbindung plötzlich ab. Nicht nur bei Frühgeburten ist jetzt der weitere Körperkontakt und das Hören der bekannten mütterlichen Stimme wichtig. Es dürfte allerdings nicht schwer sein, zu verstehen, dass gerade bei den sogenannten Frühchen dieser Mutter-Kind-Kontakt für die Entwicklung von besonderer Wichtigkeit ist. Denn obwohl die Entwicklung quasi vorgeschrieben ist, können sich die neuen, anderen Umweltbedingungen negativ auf die Reifung auswirken.

Auch für diese Situationen gibt es musiktherapeutische Ansätze. Hierbei arbeitet man aber eher mit Stimmen, als mit Musik, nämlich der Stimmen der Eltern. Diese kann auf Tonband aufgenommen werden, um sie dem Kind vorspielen zu können, auch wenn die Eltern nicht in der Nähe sind. Es gibt auch noch andere Verfahren die Kind und Mutter helfen sollen, da sie ja zu einem viel zu frühen Zeitpunkt getrennt wurden. Der Musiktherapeut spielt angenehme Klänge und nutzt sehr oft die eigene Stimme (z.B. Summen), während die Mutter ihr Neugeborenes hält und sie sich gemeinsam von den Klängen umgeben lassen. So soll beiden Geborgenheit und Zuwendung gegeben werden – die Reaktion des Kindes reicht von Schlaf bis Bewegung.

<u>Humanistischer Ansatz:</u>

Bei diesem Denkmodell liegt das Interesse bei der größtmöglichen Entfaltung der individuellen Möglichkeiten. Dies kann durch die Beziehung zwischen Therapeuten und Kind ermöglicht werden, denn innerhalb dieser, kann es Kommunikations- und Grenzerfahrungen sammeln, welche es ihm ermöglichen, die eigene Persönlichkeitsentwicklung zu fördern. Demnach gehört die Therapie der Krankheit nicht zu den Zielen des humanistischen Ansatzes.

<u>Verhaltenstherapeutischer Ansatz:</u>

Ziel ist es, unangemessenes Verhalten einzuschränken oder zu beseitigen und gewolltes Verhalten zu bestärken. Dies soll durch das positive oder negative Erleben während des Musikhörens oder des Musizierens erreicht werden.

Dieses Vorgehen möchte ich an einem allgemeinen Beispiel versuchen zu erklären:

> *Wenn Kinder zusammen in einer Gruppe agieren, bemerkt man im Normalfall nach einiger Zeit, dass ein Kind die Rolle des Anführers übernimmt, eines die Rolle des Spaßvogels und eines meist als Außenseiter auffällt.*

In einem gewissen Maß ist so etwas normal, doch wenn sich dieser Zustand zuspitzt, muss eine Lösung gefunden werden. Eine Möglichkeit bietet hierbei die Musiktherapie.

> *In der Gruppe wird zusammen musiziert. Dabei kann man jedem Kind ein anderes Instrument zuordnen. Das (zu) dominante Kind bekommt ein leises Instrument, welches unter den anderen Instrumenten nicht sonderlich auffällt und dem schüchternen Kind teilt man ein lautes großes Instrument zu. In dem es auf diesem spielt, merkt es, dass es auch mal im Mittelpunkt stehen kann und eine wichtige Rolle spielen darf. Das Gegenteil bewirkt es bei dem erstgenannten Kind. Dieses lernt sich unterzuordnen und auf andere zu hören.*

<u>Psychoanalytischer Ansatz:</u>

Vertreter dieses Ansatzes sind der Ansicht, dass wir in der Art und Weise, wie wir musizieren, unsere geheimen Ängste und Gefühle ausdrücken. Sie glauben, dass wir durch das Musikmachen Erinnerungen aus frühester Kindheit beschreiben können – bewusst oder unbewusst. Dies wird damit begründet, dass Parallelen, zwischen den Dialogen des Therapeuten mit dem Kind und den der Mutter und des Kindes, gezogen werden können. Der Dialog zwischen Musiktherapeut und Kind geschieht hierbei allerdings durch musikalische Improvisation.

Wenn der Musiktherapeut später auf die Sorgen der Patienten schließen kann, hat er somit die Möglichkeit, Kindern mit Verhaltensauffälligkeiten, psychischen Blockaden oder psychosomatischen Erkrankungen, also körperliche Krankheiten, die auf psychischen Prozessen basieren, zu helfen.

<u>Anthroposophischer Ansatz:</u>

Dieser Ansatz der Musiktherapie ist kaum, bzw. nicht beweisbar. Er setzt voraus, dass Musik die Ordnung des Kosmos wiedergibt. Was ein Mensch als Krankheit wahrnimmt, ist, laut Anthroposophie, ein Ungleichgewicht von polaren Kräften. Musik bewirkt, dass es zu einem Kräfteausgleich kommt und somit heilend wirkt.

Dies waren, im Grundlegenden, die verschiedenen Ansätze der Musiktherapie, aus denen sich <u>kombinierte Verfahren</u> entwickeln können.

Als erstes möchte ich hierbei die bereits erwähnte Gertrud Orff nennen, welche die *Orff-Musiktherapie* begründet hat. Ihr Name ist spätestens durch die Orffschen Instrumente, wie Klanghölzer, Triangel, Holzblocktrommel, Zimbel und Becken, bekannt . Diese Therapieform eignet sich vor allem für behinderte Kinder. Gertrud Orff ist der Meinung, dass allein das Hören von Musik nicht genug ist, sondern alle Sinne angesprochen werden müssen. Die Orff-Musiktherapie arbeitet aktiv, multisensorisch und mit den Stärken eines Kindes bzw. eines Jugendlichen, um damit Schwächen auszugleichen. Man verwendet Sprache, Rhythmus, Bewegung und Melodie und erweitert die therapeutischen Möglichkeiten durch das Spielen von Instrumenten. Durch dieses Angebot sollen alle Sinne angeregt werden. Diese Form der Therapie wirkt sich positiv auf Konzentration und Ausdauer, Interaktion und Kommunikation, Gruppenfähigkeit, Selbstständigkeit und Selbstwertgefühl aus.

Auch *Karin Schumacher* ist von der großen Bedeutung des multisensorischen Angebots überzeugt. Ihre Patienten sind meist autistische Kinder. Sie möchte, dass das Kind selbst aktiv wird, denn nur dadurch lernt das autistische Kind offener zu sein. Im Zentrum ihrer Therapie stehen Musik-, Bewegungs- und Sprachspiele.

Auch die *morphologische Musiktherapie* ist eines dieser kombinierten Verfahren. Es verbindet den schon beschriebenen psychoanalytischen Ansatz und Morphologie. Diese bezeichnet die Gestalt- und Formenbildungslehre. In Hinsicht auf die Psychologie meint sie, dass die Seele sich immer verändert und weiterentwickelt.

Musik dient, bei diesem Verfahren, als Basis für das gemeinsame Arbeiten von Patienten und Therapeuten und als diagnostisches Mittel. Musik drückt aus, was einem beschäftigt, ohne es genau zu wissen. Jedoch ist die morphologische Musiktherapie mehr als Denkweise, weniger als Behandlungsform verstehen.

<u>Für alle Formen der Kindermusiktherapie in Gruppe sollten folgende Prinzipien gelten:</u>

- der Verlauf einer Stunde sollte genau geplant und den Kindern vor Beginn der Stunde erklärt werden
- es soll schrittweise gelernt werden; dabei sind Wiederholungen wichtig
- der Musiktherapeut muss flexibel sein und sich auf die Kinder einstellen können
- hat der Musiktherapeut etwas an einem Kind wahrgenommen, überprüft er dies durch Nachfragen
- die Stunde muss abwechslungsreich sein; nach Anstrengung soll Erholung folgen
- die Kinder lernen am Modell – in diesem Fall der Therapeut
- Regeln sollen den Kindern kurz und knapp erklärt werden
- in jede Stunde soll ein emotionaler Anteil eingebaut werden
- jedes Kind braucht Freiraum, dieser wird genau bestimmt, doch auch Verbindung zur Gruppe soll verdeutlicht werden

- jede Stunde soll dokumentiert werden

Auch an dieser Stelle möchte ich gern den Praxisbezug herstellen. Dazu erzähle ich aus meinem Praktikum in einer heilpädagogischen Kindertagesstätte.

Ich bekam die Möglichkeit selbst eine musikalische Stunde vorzubereiten. Zur Zeit meines Praktikums behandelte die Erzieherin mit den Kindern die Geschichte vom „Regenbogenfisch". Im Vorfeld habe ich ein CD mit passender Unterwassermusik (Das Aquarium – Karneval der Tiere) und eine Geschichte bekommen, die zwar nicht vom Regenbogenfisch war, aber ohne Probleme so abgeändert werden konnte, dass sie in das Thema hineinpasst. In dieser Geschichte kamen einige Meerestiere vor, denen ich dann passende Instrumente zugeordnet habe – die Orffschen Instrumente eignen sich dafür hervorragend. So wurde dem kleinem Fisch das kleine Becken zugeteilt, den Seeanemonen das große Becken, dem kleinem Fischschwarm das Xylophon, dem großen Fisch das Becken, welches man laut aneinander schlägt, dem Krebs die Klanghölzer und den Seepferdchen ebenfalls Klanghölzer, welche man, anstatt zu schlagen, aneinander streicht.

Die Kinder der Gruppe waren zwischen vier und sechs Jahren alt und hatten größtenteils eine Lernschwäche- bzw. -behinderung und waren körperlich normal entwickelt, mit Ausnahme eines Fünfjährigen Mädchen mit FAS (Fetales Alkoholsyndrom).

<u>Nun zum Stundenablauf:</u>

Bevor die Kinder sich im Kreis hingesetzt haben, war noch Sportunterricht. Somit konnten sie sich schon vorher austoben, und sich dann mehr auf die Musik konzentrieren.

Die Musikstunde wurde mit dem Abspielen des Musikstücks „Das Aquarium" begonnen. Die Kindern wurden angehalten, ganz leise zu sein, ihre Augen zu schließen und sich vorzustellen, wie es unter Wasser aussieht (Anemonen, Felsen, Fische). .

Danach wurde die abgeänderte Geschichte über Regenbogenfisch erzählt und zu jeder Etappe in der Geschichte (Fisch, Koralle, Seepferdchen, ...) wurde mit den Händen eine Bewegung gezeigt, welche die Kinder nachahmen sollten.

> *Ein Fisch sitzt allein auf in einer Koralle und hat eine gute Aussicht. Die Seeanemonen bewegen sich langsam im Wasser. Muscheln gehen auf und zu. Dann schwimmt ein kleiner Fischschwarm und dann noch ein großer Fisch vorbei. Ein Krebs krabbelt an der Koralle hoch. Später kommt ein Seepferdchen, was vor und zurück wippt. Der Fisch traut sich nicht raus. Doch dann kommt der Fischschwarm wieder vorbei und zusammen schwimmen sie weg.*

Diese kurze Geschichte wurde den Kindern vorgelesen. Sie wurden nun nach den Tieren in der Geschichte gefragt. Wem eins eingefallen ist, bekam ein Bild von dem genannten Tier. Am Ende der Nacherzählung sollte jedes Kind ein Bild haben. Danach wurden die Instrumente zugeordnet.

Als Alles verteilt war , wurde die Geschichte noch ein drittes Mal vorgelesen – diesmal mit musikalischer Begleitung der Kinder.

Alles in allem ist die Stunde ruhig verlaufen und es hat so funktioniert, wie es geplant war. Ich musste aber, nachdem die Instrumente verteilt waren, sehr darauf achten, dass die Kinder nicht schon vorher damit spielten. Wenn es mal dazu kam, wurde dem Kind gesagt, es sei auch gleich dran und muss nur noch ein wenig Geduld haben.

6 Wirkung von Gesang

Das wohl wichtigste Instrument in der Musiktherapie ist die eigene Stimme. Mit ihrem unverwechselbaren, individuellen Klang ist sie unser wichtigstes Ausdrucksmittel. An ihr können wir erkennen, wie das Befinden unseres Gesprächspartners ist, ob Trauer, Freude oder Zorn in seiner Stimme erklingt. Wir können auch heraushören, wie der Mensch zu sich selbst steht. Zum Beispiel, ob er überzeugt klingt oder sich verstellt.

Im Gegensatz zum Reden, bei dem es auf die Wortwahl ankommt, kann man mit Gesang noch viel mehr ausdrücken. Die Gefühlslage drückt sich auch durch Stimmklang, melodische und rhythmische Gestaltung aus. Schon der französische Schriftsteller Victor Hugo, der im neunzehnten Jahrhundert lebte, sagte:

> *„Die Musik drückt aus, was nicht gesagt werden kann und worüber zu schweigen unmöglich ist."* Zitat 3

Es ist also nachvollziehbar, warum dem Gesang so eine große Rolle bei der Musiktherapie zugesprochen bekommt. Es ist aber nicht wichtig, dass gut gesungen wird. Nur das gesungen wird ist von Bedeutung. Der Grundgedanke der musiktherapeutischen Behandlung lautet: Musik soll helfen und wohltun! So soll der Selbstheilungsprozess gefördert werden – das Musizieren soll Spaß machen. Neben dem Spaß hat das Singen noch einige praktische Nebenwirkungen. Zum Beispiel achtet man mehr auf sich selbst, auf den Stimmklang und die eigenen Gefühle. Im Idealfall wird man sich der Probleme bewusst, die man sonst nur verdrängt. Des Weiteren wirkt das Singen beruhigend, macht Mut und gibt Kraft. Das ist der Grund, warum man anfängt zu singen, wenn man sich in einer unheimlichen Lage befindet, zum Beispiel, wenn ein Kind allein in den Keller gehen soll oder wenn man durch einen dunklen Wald laufen muss. Als weitere positive Nebenwirkung des Gesangs kann genannt werden, dass er hilft, gestressten Menschen wieder etwas Ruhe zu geben. Wer unter Stress steht, atmet schneller als normal – beim Singen wird bekanntlich viel auf das Atmen geachtet und somit auch wieder die Atemfunktion gestärkt. Außerdem kann man beim Singen abschalten. Es ist kaum möglich gleichzeitig zu denken und zu singen.

Sinn des Singens ist nicht Probleme zu verdrängen und zu vergessen, sondern den Menschen etwas Ruhe und Entspannung geben, um sich dann mit ihnen auseinanderzusetzen.

7 Musiktherapie – Klangtherapie

Nun möchte ich die schon zu Beginn dieser Arbeit erwähnte Klangtherapie erklären. Als ich das erste Mal von dieser Therapieform gehört habe, dachte ich an eine Behandlungsform der Musiktherapie – was ein Trugschluss war.

In diesem Kapitel werde ich versuchen, so viel wie möglich Praxisbezug herzustellen, was mir durch mein Praktikum bei einem Klang- und Musiktherapeuten möglich ist.

Anders als bei der Musiktherapie, bei welcher man mit einem komplexen Angebot an musikalischen Mitteln arbeitet, benutzt man bei der Klangtherapie ganz spezielle Klänge und Töne zur Linderung von Symptomen. Mehr noch, man möchte durch den Einsatz bestimmter Töne versuchen, die Ursachen der Symptome zu bekämpfen. Dies ist das Ziel der Klangtherapie. Und hier zeigt sich schon ein Unterschied zur Musiktherapie, deren Bestreben auch darin besteht, soziale Kompetenzen zu verbessern.

Es gibt direkte Klangtherapiepraxen, oder einen Klangtherapeut, der in die verschiedensten Einrichtungen fährt, um dort Menschen unterschiedlichsten Alters und mit verschiedenen Krankheitsbildern zu therapieren. Die Altersspanne reicht von Kleinkindern bis Senioren. Die Krankheitsbilder sind ebenfalls sehr vielfältig. Einige Patienten leiden einfach unter sehr starken Stress und sehen in der Klangtherapie einen Weg, um zur Ruhe zu kommen, andere Patienten können Menschen mit den unterschiedlichsten Behinderungen sein.

Während einer Therapiestunde sollte es, abgesehen von den Klängen, vollkommen ruhig sein. Sie kann so ablaufen, dass sich der Patient auf ein Monochord legt und dieses dann vom Therapeuten gespielt wird. Dieses Instrument gibt es schon seit der Antike, hat sich aber im Laufe der Zeit in seinem Aufbau verändert. Es besteht heute aus einem relativ großen Resonanzkörper, der mit bis zu 40 oder 50 Saiten bestückt ist. Die Größe des Klangkörpers ist je nach Monochord-Art unterschiedlich – so gibt es welche, die für
Kinder und welche, die für Erwachsene geeignet sind. Das besondere an diesem Instrument ist, dass alle Saiten auf den gleichen Ton gestimmt sind.

Im Verlauf einer Therapiestunde kommen dann auch verschiedene Klangschalen, Zimbeln und Gongs, genauso wie Gesänge zum Einsatz. Wichtig ist dabei, die Stunde so monoton wie möglich zu gestalten. Dies ist auch der Grund, weshalb das Monochord eintönig gestimmt wurde. Für den Patienten soll es keine Ablenkung geben, er soll nur von Klängen umgeben sein. Wenn der Therapeut Gesang einsetzt, verwendet er meist Mantras – kurze Wortfolgen, die immer wieder gesungen werden – oder er singt den Namen des Patienten, was auch wieder ein Mantra wäre. Einige Klangtherapeuten greifen auf die Theorie zurück, dass sich im Körper 7 Chakren – Energiezentren – befinden. Daher leitet sich auch der Name Chakra-Therapie ab. Die Chakren werden mit Tönen beschallt, z.B. über Klangschalen, die auf den Körper gelegt werden, und sollen durch die aufgenommene Energie, in Form von Schwingungen, heilende Kräfte freisetzen.

Eine andere Anwendungsmöglichkeit der Klangtherapie ist die Arbeit mit Kindern. Leider konnte ich während meiner Praktikumszeit nur zweimal miterleben, wie Kinder auf die Therapieform reagieren. Beim ersten Mal war ich zusammen mit dem Musiktherapeuten bei einer Teststunde in einem Hort. Dabei wurde die Gruppe in Vierergruppen eingeteilt. Es war interessant zu sehen, wie unterschiedlich die Reaktionen der verschiedenen Gruppen waren, obwohl alle dasselbe Angebot bekamen. Manche waren zurückhaltend, andere hatten viel Spaß als sie eine Klangschale, die mit Wasser gefüllt war, anspielen durften. Als sie sich auf das Kindermonochord legen durften und von den anderen bespielt wurden oder selber die Saiten anspielen konnten, haben es einige Kinder sehr genossen und andere empfanden es als lustiges Spiel. Es liegt dann am Klangtherapeuten zu erkennen, was den Kindern gefällt und was nicht.

Ein anderes Mal besuchten wir zusammen eine heilpädagogische Kindertagesstätte während der Mittagsruhe. Aufgabe war es hier, nur die Kinder mit Klängen zu umhüllen oder ein unruhiges Kind auf dem Monochord zu bespielen und zu versuchen es zu beruhigen.

Zusammengefasst heißt das:

Musik- und Klangtherapie sind im Grunde genommen zwei völlig verschiedene Formen der Behandlung. Allerdings kommt es darauf an, wie man die Klangtherapie auffasst. Sie kann auch als eine spezielle Form der rezeptiven Musiktherapie angesehen werden, doch die Klangtherapie geht noch viel weiter als das bloße Bespielen von Menschen mit Musik. Sie schreibt einem Ton – einer Frequenz – eine ganz spezifische Bedeutung zu. Auch die Chakra-Therapie ist eine sehr spezielle Form der Klangtherapie und hat nichts mehr mit Musiktherapie zu tun.

8 Schlusswort

Ich hoffe, dass es mir gelungen ist, einen Überblick über die Musiktherapie zu geben. Auch wenn die Musik vor allem auf das psychische Wohlbefinden wirkt, hat sie trotzdem indirekt auf Wirkung auf das körperliche Befinden.

Ich selbst war überrascht, wie groß die Vielfalt der Behandlungsmöglichkeiten innerhalb dieser Therapieform ist, obwohl ich im Vorfeld schon ein wenig aus eigenem Interesse recherchiert habe. Sie reichen von wissenschaftlich begründeten Ansätzen, bis zu „übernatürlichen" Annahmen über die Bedeutung von Musik. Auch die Recherche über die historische Entwicklung war meiner Meinung nach wichtig, um an das Thema heranzuführen, denn ich glaube, dass damit die Bedeutung der Musik an sich noch einmal verdeutlicht werden konnte.

Des Weiteren hoffe ich, dass der Unterschied zwischen Musiktherapie und Klangtherapie deutlich geworden ist: die Klangtherapie beschäftigt sich mit den verschiedenen Wirkungen bestimmter Töne auf den menschlichen Körper, während die Musiktherapie ein viel komplexeres Anwendungsgebiet ist.

Vor allem die praktischen Erfahrungen haben mir sehr viel gebracht. Aus meiner Praktikumszeit hätte ich gern noch zahlreiche Beispiele aus anderen Bereichen beschreiben können, doch ich wollte mich auf die zwei genannten Richtungen beschränken.

Abschließend möchte ich noch einmal darauf hinweisen, dass die Musiktherapie, obwohl es sie schon seit tausenden von Jahren gibt, noch in den Kinderschuhen steckt und es noch viel zu erforschen gibt.

9 Literaturverzeichnis

Bücher:

- Brückner, Jutta; Mederacke, Ingrid; Ulbrich Christel (1991). Musiktherapie für Kinder – Rezipieren Improvisieren Kommunizieren Bewegen. Berlin

- van Deest, Hinrich (1994). Heilen mit Musik – Musiktherapie in der Praxis. Stuttgart

Internet:

- Deutsche Musiktherapeutische Gesellschaft e.V./ DGMT Musiktherapie GmbH (2008). Definition – Berufsbilder – Geschichte. URL: http://www.musiktherapie.de/index.php?id=18. Download vom 16.2.2010.

- Mitteldeutscher Rundfunk – Anstalt des öffentlichen Rechts. (2004). Musiktherapie. URL: http://www.mdr.de/hauptsache-gesund/1472756-hintergrund-1468793.html. Download vom 16.2.2010.

- Arbeitskreis Paar- und Psychotherapie e.V (2004). Bewusstes Hören von Musik und aktives Musizieren im Rahmen der therapeutischen Beziehung.URL: http://www.musiktherapien.de/. Download vom 16.2.2010.

- Deutsche Gesellschaft für Musiktherapie (2003). Musiktherapie. URL:http://www.musik therapie.de/fileadmin/user_upload/medien/pdf/Geschichte_Musiktherapie.pdf. Download vom 15.2.2010.

- Wikimedia Foundation Inc./Wikipedia, die freie Enzyklopädie (2001). Humoralpathologie. URL: http://de.wikipedia.org/wiki/Viers%C3%A4ftelehre. Download vom 20.2.2010.

- GRIN Verlag GmbH (1998). Formen und Methoden der Musiktherapie. URL:http://www.hausarbeiten.de/faecher/vorschau/49249.html. Download vom 17.2.2010

- Wikimedia Foundation Inc./Wikipedia, die freie Enzyklopädie (2001). Musiktherapie. URL: http://de.wikipedia.org/wiki/Musiktherapie#Arbeitsfelder. Download vom 15.2.2010

- Praxis für Musiktherapie und Gesundheitsberatung (2009). Musiktherapie ist eine wirksame Methode für Menschen. URL: http://www.musiktherapiepraxis.de/11/musiktherapie_ fuer_erwachsene. Download vom 20.2.2010.

- Deutsche Musiktherapeutische Gesellschaft e.V./ DGMT Musiktherapie GmbH (2008). Musiktherapie in der Kinder- und Jugendpsychatrie. URL: http://www.musiktherapie.de/ index.php?id=69. Download vom 20.2.2010.

- Universität Siegen. Katrin Grewe-Heitfeld. Musiktherapie mit Kindern und präventive Methoden der Musiktherapie in Musikschule und Frühförderung. URL: http://www.musiktherapie.uni-siegen.de/forum/kinder/vortraege/219_grewe_heitfeld.pdf. Download vom 20.2.2010.

- Kandert ,Ines. Orff Musiktherapie. URL: http://www.musiktherapie-augsburg.de/. Download vom 20.2.2010.

- Deutsches Zentrum für Musiktherapieforschung (Viktor Dulger Institut) DZM e. V. (2009). Musiktherapie für Patienten mit chronischenSchmerzen –ein Behandlungsansatz. URL: http://www.dzm.fh-heidelberg.de/v2/downloads/03_forschung/ergebnisse/2003-Pr%E4sentation1.pdf. Download vom 20.2.2010.

- Deutsche Gesellschaft für Musiktherapie (2003). Musiktherapie. URL: http://www.therapie .de/psyche/info/glossar/musiktherapie/. Download vom 22.2.2010

- Hanson ,Claas. Antrophosophische Aspekte in der Musiktherapie. URL: http://www.claas-hanson.de/Anthroposophie.html. Download vom 22.2.2010.
- Fierus ,Gerd (2006). Musiktherapie mit autistischen Kindern bei Karin Schumacher. URL: http://musiklabor-netzwerk.blogspot.com/2006/01/musiktherapie-mit-autistischen-kindern.html. Download vom 22.2.2010.
- Grambichler, Bernhard (2008). Entwicklung und Einteilung der Musiktherapie. URL: http://www.blasmusik-salzburg.at/joomla/media/images/stories/files/kapellmeister /diplomarbeit_grambichler-bernhard.pdf. Download vom 22.2.2010.
- Wikimedia Foundation Inc./Wikipedia, die freie Enzyklopädie (2001). Klangtherapie. URL: http://de.wikipedia.org/wiki/Klangtherapie. Download vom 23.2.2010.
- Chiron Media UG (1998). KLangtherapie. URL: http://www.therapeuten.de/therapien /klangtherapie.htm. Download vom 24.2.2010.
- EP-Solutions, Agentur für Internet –und IT-Dienstleistungen: URL: http://www.klangtherapeut.at/allgemeines-zur-klangtherapie/. Download vom 24.2.2010.
- GRIN Verlag GmbH (1998). Die Wirkung von Musik auf den Menschen. URL: http://www.hausarbeiten.de/faecher/vorschau/103180.html.Download vom 24.2.2010.

www.books.google.de:

- Hauck, Sabine Alexa (2004). Hyperaktive Kinder zur Stille führen mit Hilfe musiktherapeutischer Techniken - Eine empirische Studie in der Grundschule. URL: http://books.google.de/books?id=CoVcN74cTekC&pg=PA125&lpg=PA125&dq=Jatromusik%22)&source=bl&ots=2SSyadKwEV&sig=iF0Le5BtsxJWp0yZBoykOYlU1zM&hl=de&ei=AiF9S82gCaCamAP 3zeTBBA&sa=X&oi=book_result&ct=result&resnum=4&ved=0CA0Q6AEwAw#v=snippet&q=Jatrom usik&f=false. Download vom 24.2.2010.
- Reich, Urte (2009). Handlungsspielraum Musik – Morphologische Untersuchung des Verlaufs einer Gruppenmusiktherapie in einer psychosomatischen Klinik. URL: http://books.google.de/books?id=qS2UwrR37h0C&pg=PA30&lpg=PA30&dq=morphologische+musikt hera-pie&source=bl&ots=5sdieTbATc&sig=nD3kju23j20tPPD3RZAK7oS8nNs&hl=de&ei=wlKES4qMJJO In-QOCzpS1Ag&sa=X&oi=book_result&ct=result&resnum=9&ved=0CBkQ6AEwCDge#v=onepage&q= morphologische%20musiktherapie&f=false. Download vom 19.2.2010.

10 Zitate:

- Zitat 1 - Deutsche Musiktherapeutische Gesellschaft e.V./ DGMT Musiktherapie GmbH (2008). URL: http://www.musiktherapie.de/index.php?id=18.
- Zitat 2 - van Deest, Hinrich (1994). Heilen mit Musik – Musiktherapie in der Praxis. Stuttgart
- Zitat 3 – Hugo, Victor (1802 – 1885).
- Beispiel 1 - van Deest, Hinrich (1994). Heilen mit Musik – Musiktherapie in der Praxis. Stuttgart